DÉLÈGUE SÉNATORIAL !

MONOLOGUE EN VERS

PAR JACQUES DE LA FORGE

(délégué sénatorial)

PARIS

C. MARPON ET E. FLAMMARION

ÉDITEURS

26, RUE RACINE, PRÈS L'ODÉON

PRIX : **50** CENTIMES

SE VEND AU PROFIT DES PAUVRES DE St DIZIER

JACQUES DE LA FORGE

(DÉLÉGUÉ SÉNATORIAL)

DÉLÉGUÉ

SÉNATORIAL!

MONOLOGUE EN VERS

PARIS

C. MARPON ET E. FLAMMARION

ÉDITEURS

26, RUE RACINE, PRÈS L'ODÉON

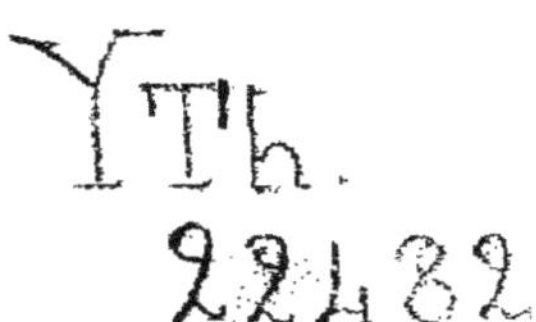

A MES COLLÈGUES

LES DÉLÉGUÉS SÉNATORIAUX

DE X***

Jacques de la Forge

AVANT

DÉLÉGUÉ SÉNATORIAL!

I

J' viens d'êtr' nommé par mon village
Délégué sénatorial :
Ça n'a pas été sans tirage,
Ni sans écus, — ça m'est égal !
On me r'proch', au moment suprême,
D'avoir abreuvé tout l' Conseil !
Mais tous les autr's ont fait de même :
Gnia rien d' nouveau sous le soleil !
Ne m' blâmez donc pas : car je pense
Que quand on r'cherche cet honneur,
Faut pas r'garder à la dépense
Pour l'élection d'un sénateur !

**

II

Maint'nant, tout bas je vous l'avoue,
On ne pouvait pas mieux choisir :
J' suis un gros meunier, — mais ma roue
Me laiss' quelquefois du loisir.
On m'insinue que l' maît' d'école
Prétend que j' n'ai pas inventé
La poudr'? — En v'la un' bell' parole
L'a-t-il trouvé' de son côté !
Je sais écrir', compter et... moudre,
Et quoi qu'en dis' l'instituteur,
Pas besoin d'inventer la poudre
Pour l'élection d'un sénateur !

III

Gnia deux candidats pour la place :
Mais si polis, si ben él'vés,
Que quelquefois ça m'embarrasse

'our répondre à leurs-z-honnêt'tés.
'ous deux m'envoill'nt un' ribambelle
)e cerculair's et de jornaux.
— « Mâme vot' épous', comment va-t-elle?
)ui dis'nt toujours — Et vos bestiaux? » —
' pouvions pas en croir' mes oreilles :
' suis pas fier! mais vrai, c'est flatteur,
)e r'cevoir des visit's pareilles
'our l'élection d'un sénateur!

IV

)epuis longtemps j'avais envie
)' voir not' chef-lieu d' département,
Moi qui n'avais de tout' ma vie,
'as dépassé l'arrondiss'ment;
J' sais ben qu' c'était pas difficile,
Veu que l' ch'min d' fer pass' par cheux nous.
Mais je n' trouvais rien d' ben utile
A payer mon billet comm' vous.
Prendr' ma voitur', mais c'est qu'ça l'use!
Somm' tout' le moyen le meilleur

C'était d' partir, si je n' m'abuse,
Pour l'élection d'un sénateur!

V

Enfin c'est d'main! C'est pas dommage!
Car je vous assur' que vraiment
J'en dormais plus et mon ouvrage
S'en r'ssentait naturablement.
Tout est prêt: ma chemise blanche,
Mon tuyau d' poil, et mon gilet,
Et ma r'dingote des dimanches,
Voire des gants... d' peau s'il vous plaît!
« Quand on a eun' fortun' honnête,
Que dit ma femm', sans êtr' poseur,
Faut ben fair' un brin de toilette
Pour l'élection d'un sénateur! »

APRÈS

I

Chaumont! M'y vlà! C'est eun' grand' ville
Qu'est ben dix fois comm' notre trou :
Pour s'y r'trouver c'est pas facile,
Je m' suis perdu un peu partout.
Gnia des cafés brillants d' lumières,
Un mouv'ment qu' j'en suis étourdi,
C'est tout maisons d' proprillétaires.
Paris lui r'ssembl' — à ce qu'on m'a dit !
Un' seul' chos' m'emberlificote :
C'est d' s'êtr' perché sur eun' hauteur,
Moi j'aurais aplani la côte
Pour l'élection d'un sénateur !

II

Jamais ma surpris' ne fut telle
Que quand on me fit voir l'endroit
Où s'élèv' un pont qu'on appelle
Un viaduc — j'ignore pourquoi ! —
C'est ça qu'est de la bell' ouvrage !
Gnien a fallu des monacos !
J'en sais queuqu' chos', veu qu'au village
Nous ons un pont qu'a coûté gros !
Il est en bois ! — Pour seûr, un' ville
Ne pouvait pas, sans déshonneur,
S'offrir un pont aussi fragile
Pour l'élection d'un sénateur !

III

Mais le meilleur moment du reste,
Parmi ceux qu' j'ai passés là-bas,
— J'ai pas peur qu'on m' le conteste —

Ç'a été celui du repas !
Je me suis offert sans vergogne,
Les extras les plus superflus :
Cigar', café, champagn', bourgogne !
Je n' m' refusais rien, d'autant plus
Que c'est l' Gouvernement qui paie :
C'est ben just' ! Faut-i qu' l'électeur
Y aill' encor' de sa monnaie
Pour l'élection d'un sénateur !

IV

Sur terr' est-il eun' meilleur' chose
Qu'un bon repas — qui n' coûte rien !
La vie m'apparaissait en rose
Les homm's, tous frèr's, et tout, fort bien.
O fragile nature humaine !
Quequ's bouteill's — et c'est curieux !
J' voyais tout doubl', j' voyais sans peine
Quatr' candidats au lieu de deux !
Dir' que tout l' reste de la journée
Je fus comm' ça, — mais par bonheur,

J'ai voité dans la matinée
Pour l'élection d'un sénateur !

V

Mais tout ça n' vous indique guère
Si j' pench' de tel ou tel côté
Et pour qui des deux adversaires
A Chaumont, l' treiz' mars, j'ai voité.
Voilà messieurs, je m'y ramène :
Y étions si gentils tous deux,
Que j' voulais pas leur fair' de peine
Ni qu' l'un ou l'autre soill' malheureux.
Mon embarras étant extrême,
Pour m'en tirer à mon honneur :
Ma foi, j'ai voité pour moi-même
Pour l'élection d'un sénateur !